ANALIZA KSIĄŻKI

AF142086

Piekło

· · · · · · · · · · · · · · · ·

Dante Alighieri

ANALIZA KSIĄŻKI

Napisany przez Fanny Gillon
Przetłumaczony przez Kâmil Kowalski

Piekło

DANTE ALIGHIERI

DANTE ALIGHIERI   **5**

Włoski pisarz, poeta i polityk   5

PIEKŁO   **6**

Podróż Dantego przez kręgi piekła   6

STRESZCZENIE   **7**

Pieśń I   7
Pieśń II   7
Pieśń III   7
Pieśń IV   8
Pieśń V   8
Pieśń VI   8
Pieśń VII   9
Pieśń VIII   9
Pieśń IX   9
Pieśń X   10
Pieśń XI   10
Pieśń XII   10
Pieśń XIII   11
Pieśń XIV   11
Pieśń XV   11
Pieśń XVI   11
Pieśń XVII   12
Pieśń XVIII   12
Pieśń XIX   12
Pieśń XX   13
Pieśń XXI   13
Pieśń XXII   13
Pieśń XXIII   13
Pieśń XXIV   14
Pieśń XXV   14
Pieśń XXVI   14
Pieśń XXVII   14
Pieśń XXVIII   14
Pieśń XXIX   15
Pieśń XXX   15
Pieśń XXXI   15
Pieśń XXXII   15
Pieśń XXXIII   16
Pieśń XXXIV   16

STUDIUM POSTACI   **17**

Dante   17
Virgil   18
Przeklęty   18

ANALIZA   **20**

Struktura piekła   20
Pierwsza Pieśń i znaczenie symboli   20
Kary dla potępionych   21
Kontekst historyczny   22

DALSZA REFLEKSJA   **23**

Kilka pytań do przemyślenia...   23

DALSZE CZYTANIE   **25**

Wydanie referencyjne   25

DANTE ALIGHIERI

WŁOSKI PISARZ, POETA I POLITYK

- **Urodził się we Florencji w 1265 r.**
- **Zmarł w Rawennie w 1321 r.**
- **Godne uwagi prace:**
  - *Boska Komedia*, wiersz
  - *La Vita Nuova* (1292-1293), zbiór poezji
  - *Monarchia* (1810-1313), esej

Włoch z Florencji, Dante Alighieri (1265-1321) był pisarzem i poetą zaangażowanym w życie polityczne swojego rodzinnego miasta.

Autor poematów miłosnych (*La Vita Nuova*), Dante pisał również dzieła o różnej tematyce, m.in. o języku (*De Vulgari Eloquentia*) i polityce (*Monarchia*). Jednak najbardziej znany jest z napisania *Boskiej Komedii*. Poświęcił swoje życie temu długiemu epickiemu poematowi, który podzielony jest na trzy księgi, odpowiadające chrześcijańskiej koncepcji życia pozagrobowego: piekło, czyściec i raj.

Pod wpływem swoich przemyśleń na temat człowieka i społeczeństwa Dante różni się od współczesnych tym, że przedstawia indywidualność, własne ja, co było wielką innowacją literacką w tamtych czasach.

PIEKŁO

PODRÓŻ DANTEGO PRZEZ KRĘGI PIEKŁA

- **Gatunek:** poezja
- **Wydanie referencyjne:** Dante (1992) *L'Enfer*. Paris: Flammarion.
- **Pierwsze wydanie:** 1314
- **Tematyka:** grzech, kara, wina, polityka, społeczeństwo

Pierwsza kantyk *Boskiej Komedii*, *Piekło* została upubliczniona około 1314 roku i była szeroko rozpowszechniona, o czym świadczą rękopisy, dzięki którym znamy ten tekst. Z kolei ta kantyczka podzielona jest na 34 kantyki, z których pierwsza jest kantyczką wprowadzającą, wyjaśniającą dlaczego podróżuje się najpierw przez Piekło, potem Czyściec, a następnie Raj.

Prowadzony przez łacińskiego poetę Wergiliusza, Dante odkrywa piekło. Piekło składa się z dziewięciu Kręgów, które łączą się z centrum ziemi, gdzie znajduje się Lucyfer, upadły anioł. Poeta spotyka tam potępionych, którzy ponoszą karę proporcjonalną do grzechów popełnionych na ziemi. Im bardziej Dante posuwa się w stronę ostatniego Kręgu, tym cięższe są grzechy.

STRESZCZENIE

PIEŚŃ I

Date przebywa w bardzo ciemnym lesie i dociera do podnóża oświetlonego wzgórza, ale trzy bestie zmuszają go do odwrotu. Pojawia się Wergiliusz i zapowiada poecie, że będzie musiał przebyć Piekło, aby uratować swoją duszę i uzyskać dostęp do wizji Boga i Raju. Będzie on jego przewodnikiem podczas tej próby.

PIEŚŃ II

Dante zastanawia się, dlaczego podróżuje przez Piekło, skoro wciąż żyje. Wergiliusz wyjaśnia, że Beatrycze (kobieta, którą Dante kochał w młodości i której ślubował wieczną miłość) poprosiła go o uratowanie Dantego z niebezpieczeństwa, w którym się znalazł. Poeta czuje się gotowy do rozpoczęcia podróży.

PIEŚŃ III

U bram Piekła Dante odkrywa Niezgodnych, dusze ludzi, którzy zawsze żyli dla siebie i tchórzliwie nigdy nie wybrali strony. Dusze te tak naprawdę nie znajdują się w Piekle, ponieważ biorąc pod uwagę ich grzech, Piekło ocenia je jako niegodne i ich nie chce. Wśród tych dusz są anioły, które nie wybrały strony, gdy Lucyfer zbuntował się przeciwko Bogu. Osy i szerszenie ich nękają.

Dante i Wergiliusz docierają do rzeki Acheron, pełnej dusz czekających na Charona, który ma je przeprowadzić na drugą stronę. Nagle ziemia się trzęsie i Dante traci przytomność.

PIEŚŃ IV

Obudzony przez piorun, Dante podąża za Wergiliuszem do pierwszego Kręgu, Limbo, gdzie mieszkają cnotliwe duchy, które nie zostały ochrzczone. Są tam wszyscy ludzie z czasów przedchrześcijańskich. Wergiliusz jest jednym z nich. Ich kara polega na wiecznym życiu z niespełnionym pragnieniem ujrzenia Boga.

PIEŚŃ V

Drugiego Koła strzeże Minos, sędzia dusz. Po wysłuchaniu spowiedzi potępionych, Minos zwija się w swój ogon: liczba obrotów, które wykonuje, wskazuje Koło, w którym dusza będzie musiała zapłacić za swoje grzechy.

Ten krąg to ludzie, którzy żyli w pożądaniu, ci, którzy ulegli namiętności. Są oni uwikłani w piekielną burzę. Dante spotyka postacie starożytne i współczesne, np. Francescę di Rimini, która wyjaśnia przyczyny swojego potępienia. Dante, przejęty litością, ponownie traci przytomność.

PIEŚŃ VI

Dante wraca do świadomości w trzecim Kręgu, poświęconym łakomstwu, gdzie dusze leżą w brei stworzonej przez ciągle padający deszcz i śnieg. Cerber jest ich opiekunem. Dante mówi o Florencji, która jest podzielona na dwie frakcje

(Czarnych i Białych Gelfów, dwóch średniowiecznych frakcji, które walczyły ze sobą we Włoszech), do grzesznika. Następnie Dante i Wergiliusz kontynuują swoją podróż i spotykają Plutona u wejścia do czwartego Koła.

PIEŚŃ VII

Wergiliusz ostrzega Plutona, że podróżują zgodnie z życzeniem boga. Następnie spotykają się z duszami chciwymi i rozrzutnymi, których nie można zidentyfikować, jako karę za to, że bezmyślnie zatrzymali lub roztrwonili swoje pieniądze. Wergiliusz mówi o Fortunie, która zależy od woli boga. Dochodzą do piątego Koła, czyli Koła Gniewu.

PIEŚŃ VIII

Obaj poeci widzą zbliżającego się do nich Phlegyasa i wsiadają na jego statek. Po przepłynięciu Styksu znajdują się przed murem miasta Dis, którego bronią diabły. Wergiliuszowi nie udaje się przekonać ich, by pozwolili im przejść i zapowiada, że zaraz ktoś przyjdzie otworzyć bramy miasta.

PIEŚŃ IX

Przybywają trzy Furie, wściekłe na obecność poety, ale przybywa też posłaniec niebios: wysyła diabły do ucieczki, karcąc je za sprzeciw wobec woli Boga, i otwiera bramy Dis.

Będąc już w mieście, Dante i Wergiliusz widzą, w Szóstym Kręgu, heretyków, w otwartych i płonących grobowcach.

PIEŚŃ X

Jest to również krąg epikurejczyków, którzy uważają, że dusza jest śmiertelna. Rozlega się głos, florenckiego przywódcy Ghibellinów, który chce wiedzieć, do której strony należy Dante.

PIEŚŃ XI

Wergiliusz wyjaśnia, jak uporządkowane są ostatnie trzy Kręgi, odwołując się do *Etyki* Arystotelesa (filozof grecki, 384-322 p.n.e.), który rozróżnia grzechy nietrzymania moczu, bestialstwa i złośliwości. W siódmym kręgu znajdują się ludzie stosujący przemoc; w ósmym kręgu – oszuści, a dokładniej ludzie, którzy stosowali oszustwo wobec kogoś, kto nie obdarzył go zaufaniem; w dziewiątym kręgu – oszuści, którzy oszukiwali ludzi, którzy im zaufali. Wewnątrz murów miasta Dis znajdują się ci, którzy świadomie postanowili popełnić grzech, natomiast poza nimi ci, którzy cierpią na nietrzymanie moczu.

PIEŚŃ XII

Siódmy Krąg jest strzeżony przez Minotaura.

Zewnętrzny Pierścień przecina rzeka wrzącej krwi i ognia, w której zanurzają się ludzie, którzy stosowali przemoc wobec sąsiadów, zgodnie z ich grzechami, a nadzorują ją centaury, którym Wergiliusz wyjaśnia cel podróży: ocalenie duszy Dantego.

PIEŚŃ XIII

Środkowy Pierścień to las zamieszkany przez harpie, w którym znajdują się ludzie, którzy stosowali przemoc wobec siebie. Znajdują się tam osoby, które popełniły samobójstwo, zamienione w rośliny i nękane przez harpie. Nie będą mogli odzyskać swoich ciał po Sądzie Ostatecznym, ponieważ wyrzekli się go za życia. Rozrzutni są ścigani i dręczeni przez psy.

PIEŚŃ XIV

Następnie docierają do trzeciego Pierścienia: dusze, które były agresywne wobec Boga, wobec Natury lub Sztuki. Znajdują się na płonącym piasku i pada na nie ogień. Leżą, siedzą lub ciągle chodzą.

PIEŚŃ XV

Dwaj ludzie spotykają grupę potępionych: gwałtownych wobec Natury (sodomitów), którzy chodzą pod deszczem ognia. Dawny mistrz Dantego rozmawia z nim o swoim dziele, ale także o mieście Florencji.

PIEŚŃ XVI

Wergiliusz i Dante natykają się na trzech Florentczyków, a Dante opowiada o ich mieście, w którym wszędzie panuje zbytek i pycha.

Kontynuując podróż, docierają do rzeki Phlegeton, która wpada do kolejnego Koła. Wergiliusz rzuca w wąwóz linę, z której wyłania się dziwna bestia.

PIEŚŃ XVII

Bestia to Geryon, symbol oszustwa. Podczas gdy Wergiliusz prosi bestię, by ich przetransportowała, Dante obserwuje dusze, które były gwałtowne wobec Sztuki (Usurers), siedzące pod deszczem ognia, rozpoznawalne dzięki swoim emblematom.

Dante wraca do Virgila, który jest już na plecach Geryona, który przyprowadza ich do ósmego kręgu.

PIEŚŃ XVIII

Ósmy Krąg podzielony jest na dziesięć Bolgii.

W pierwszej Bolgii spotykają Uwodzicieli i Pandererów (nie mylić z duszami w pożądaniu: w przypadku Uwodzicieli i Pandererów nie ma miłości), których biją demony, a którzy biegną w przeciwnych kierunkach.

Następnie docierają do drugiej Bolgii, tej z Plebaniami, która jest zanurzona w ekskrementach.

PIEŚŃ XIX

Trzecia Bolgia zawiera dusze, które popełniły symonię, czyli handel rzeczami świętymi. Są one uwięzione głowami w dół w dołach, z których ich stopy są spalane ogniem. Dante kieruje się w stronę potępionych: papieża Mikołaja III (1210-1280), który myli Dantego z papieżem Bonifacym VIII (1235-1303), który wkrótce zastąpi go w dołku. Dante krytykuje chciwość przedstawicieli Boga na Ziemi.

PIEŚŃ XX

Idą do czwartej Bolgii, tej od czarodziejów i astrologów. Ich głowy są przekręcone i chodzą tyłem, oni, którzy myśleli, że mogą przewidzieć przyszłość.

PIEŚŃ XXI

Piąta Bolgia zawiera barratorów i ludzi skorumpowanych, zanurzonych we wrzącej smole i badanych przez demony, Malebranches, które ich zaczepiają i dręczą. Wergiliusz rozmawia z demonami, by pozwolono mu przejść. Grupa eskortuje ich do następnej Bolgii.

PIEŚŃ XXII

Podążają za rzeką smoły. Pewien Malebranche łapie potępionego, który oferuje, że przyprowadzi kilku swoich towarzyszy, jeśli demony nieco się cofną, ale grzesznik korzysta z okazji, by ponownie się zanurzyć. Dante i Virgil odchodzą, obawiając się, że demony mogą uczynić ich odpowiedzialnymi za wpadkę.

PIEŚŃ XXIII

Ścigają ich Malebranches, ale udaje im się dotrzeć do szóstej Bolgii, tej należącej do Obłudników, którzy idą powoli, dźwigając ciężar ołowianego płaszcza, którego zewnętrzna strona jest złota. Uwagę Dantego przykuwa jeden z potępionych: Kajfasz, hebrajski kapłan, który poparł ukrzyżowanie Jezusa.

PIEŚŃ XXIV

Dante i Wergiliusz docierają do siódmej Bolgii – złodziei. Najpierw są to złodzieje świętych przedmiotów: biegają nago, mają związane ręce i są kąsani przez węże; zamieniają się w popiół, a następnie przywracają ludzką postać. Florentczyk przepowiada Dantemu zwycięstwo Czarnych Gelfów.

PIEŚŃ XXV

Dante i Wergiliusz natrafiają na trzy potępione dusze, złodziei, którzy za kradzież cudzej własności zostali przemienieni w węże. W konsekwencji zostali pozbawieni ludzkiej postaci.

PIEŚŃ XXVI

Ósma Bolgia, wypełniona pojedynczymi płomieniami, które trzymają potępionych w pułapce, to Bolgia złych doradców. Jeden płomień przykuwa ich uwagę: płomień Odyseusza, który wyjaśnia okoliczności swojej śmierci.

PIEŚŃ XXVII

Inny płomień zbliża się do poetów i pyta ich o wieści z Romagny. Dante opowiada o tym regionie, rządzonym przez tyranów. Kontynuują swoją podróż, by dotrzeć do dziewiątej Bolgii, tej od Siewców Niezgody.

PIEŚŃ XXVIII

Ci twórcy schizmy chodzą w circlse i są porąbani na kawałki przez miecz diabła.

Dante i Wergiliusz natrafiają na Mahometa, założyciela islamu, oraz na Curiona, który doradza Cezarowi przekroczenie Rubikonu.

PIEŚŃ XXIX

Dziesiąta Bolgia zawiera fałszerzy. Najpierw Wergiliusz i Dante spotykają fałszerzy metali (alchemików). Chodzą oni na kolanach i rękach, są dotknięci trądem i wichrem.

PIEŚŃ XXX

Po tym fakcie Dante i Wergiliusz spotykają inne rodzaje fałszerzy:

- Fałszerze ludzi, którzy gryzą innych potępionych;
- Fałszerze pieniędzy, którzy umierają z pragnienia;
- Fałszerze słów, których bolą głowy.

PIEŚŃ XXXI

Docierają do jamy, którą okrążają olbrzymy strzegące zdrajców, zamkniętych w lodzie. Natrafiają na Nimroda, który jest przyczyną istnienia wielu języków na Ziemi, następnie udają się do Antaeusa, którego Wergiliusz prosi o opuszczenie ich do dziewiątego i ostatniego Kręgu.

PIEŚŃ XXXII

Docierają do pierwszej strefy (Caina) ostatniego Kręgu: strefy ludzi, którzy zdradzili swoich rodziców. W drugiej strefie

(Antenora) znajdują się ludzie, którzy zdradzili swój kraj. Nawet w Piekle potępieni nadal zdradzają się nawzajem, ponieważ są skazani na wzajemne pożeranie. Dante spotyka dwóch zdrajców.

PIEŚŃ XXXIII

Jeden z dwóch zdrajców, hrabia Ugolin, wyjaśnia, jak się tam znalazł; osoba, której głowę jest zmuszony zjeść w Piekle, jest osobą, która sprowokowała jego upadek.

Udają się do trzeciej strefy (Ptolomaea), gdzie znajdują się ludzie, którzy zdradzili swoich gości. Spotykają potępieńca, który zabił swoich przyjaciół podczas posiłku.

PIEŚŃ XXXIV

Dante i Wergiliusz docierają do czwartej strefy (Giudeca), do ludzi, którzy zdradzili swoich dobroczyńców, władzę ludzką lub boską, i którzy zostali całkowicie skuci lodem. Spotykają Lucyfera, z jego trzema twarzami, z których każda zajęta jest miażdżeniem jednego z trzech głównych zdrajców: Judasza, Brutusa i Kasjusza.

Dante i Wergiliusz wspinają się na Lucyfera i w końcu przekraczają salę, która prowadzi ich do czyśćca.

STUDIUM POSTACI

DANTE

Konieczne jest rozróżnienie między Dantem autorem a Dantem postacią.

Dante bohater jest narratorem, który w pierwszej osobie liczby pojedynczej opowiada o swojej podróży przez Piekło. Jego ziemskie życie było życiem w grzechu i dawno stracił poczucie prawdziwych wartości. Celem tej podróży jest uratowanie jego duszy.

Dante zmienia się na przestrzeni kantyczek. O dociekliwym umyśle, jest jednak na początku kruchy i płochliwy (co można wywnioskować z jego stanów nieświadomości) i wyraża wątpliwości co do swojej obecności w tym miejscu. Jednak kontakt z potępionymi i wskazówki Wergiliusza kładą kres jego pewności siebie. Obserwuje dusze, rozmawia z nimi, aprobuje potępienie niektórych z nich (F. Argenti), a nawet wdaje się w ostrą niekiedy krytykę (krytyka dóbr materialnych zakonników). Jego ciekawość jest wyostrzona i wydaje się odczuwać rodzaj fascynacji potępionymi graniczącej z niezdrową, z której Wergiliusz wyrywa go kilkakrotnie, zapraszając do kontynuowania podróży.

Dante przedstawia samego siebie. Jego indywidualność i tożsamość zostają wyłożone, co było bardzo nowatorskie w ówczesnej literaturze.

Dante autor również zamienia się w sędziego, umieszczając w Piekle postacie historyczne lub mitologiczne, a nawet takie, które są mniej lub bardziej mu współczesne. Posuwa się nawet do tego, że zapowiada przybycie do Piekła papieża, który żył jeszcze w czasach, w których pisał (Bonifacy VIII). Choć dzieło spotkało się z sukcesem, nie zawsze było dobrze przyjmowane.

VIRGIL

Wergiliusz, łaciński poeta z 1st wieku p.n.e., autor *Eneidy*, jest przewodnikiem Dantego: jest życzliwy i dodaje otuchy. W pewnym sensie stanowi głos rozsądku i słowa mądrości, choć nie znał Boga, dlatego skazany jest na pozostanie w Limbo.

To on umożliwia Dantemu odbycie podróży: towarzyszy mu przez każdy Krąg i udziela mu wszelkich niezbędnych wyjaśnień. Wypełnia swoje zadanie, ponieważ taka jest wola Boga, o czym przypomina każdemu strażnikowi Koła lub słudze Bożemu w Piekle. Nie będąc ochrzczonym, nie może zobaczyć Boga i musi zostawić swoje miejsce Beatrycze na resztę podróży Dantego.

PRZEKLĘTY

Dante odwołuje się do wielu postaci mitologicznych (Ulisses), historycznych (hrabia Ugolin) i współczesnych (Filippo Argenti), do wielu znanych pisarzy i filozofów (Homer, Arystoteles), do postaci z powieści (Tristan i Izolda) itp. Oczywiście niektóre z tych postaci są bardziej znane czytelnikom jego czasów niż nam.

Przez większość czasu Dante wyraźnie nazywa potępione dusze, dzięki czemu jego osąd jako autora jest jasny:

umieszczając je w Piekle, potępia je. W związku z tym potępieni nie są bezimienną masą, ale są w większości zindywidualizowani, co jest ważne dla ewolucji postaci Dantego, bo właśnie poprzez kontakt z potępionymi może on dojrzewać.

ANALIZA

STRUKTURA PIEKŁA

Piekło ma strukturę odwróconego stożka; jego kręgi zbiegają się koncentrycznie w kierunku Lucyfera, który upadając stworzył Piekło pod miastem Jerozolima.

Miejsce, w którym znajduje się Lucyfer odpowiada środkowi Ziemi i to właśnie przez nie Dante będzie mógł dotrzeć do czyśćca, gdzie Wergiliusz przekaże go Beatrycze na dalszą część podróży.

PIERWSZA PIEŚŃ I ZNACZENIE SYMBOLI

Pieśń ta jest szczególnie ważna w Boskiej Komedii. Pełni ona funkcję prologu, ponieważ wyjaśnia okoliczności, które powodują, że Dante podejmuje tę podróż.

Dante rozpoczyna swoją podróż w około 1300 roku, kiedy to osiągnął to, co uważa za środek swojego życia, innymi słowy dojrzałość. Uważa, że jego ziemskie życie składa się z grzechów i jest zdominowane przez popędy. Nie potrafi samodzielnie odnaleźć drogi ku światłu (w. 3) i nie wie nawet, co go od niego oddala (w. 10-12). Dlatego ląduje w lesie i rozpoczyna swoją podróż.

Ta pierwsza kantyczka jest pełna symboli, co jest cechą charakterystyczną dla średniowiecza, a niektóre z tych symboli znajdują swoje echo w dalszej części poematu. I tak ciemny las symbolizuje utratę rozumu, duchowe błądzenie poety, przeraża Dantego, bo zdaje się zapowiadać potępienie jego duszy. Wzgórze i promienie światła to odniesienia do Boga, do boskiej łaski, do tego, ku czemu poeta zmierza, by ocalić swoją duszę. Trzy bestie, które uniemożliwiają Dantemu przejście, to również symbole. Reprezentują one grzechy i mają jasne znaczenie dla czytelników z czasów Dantego: pantera reprezentuje pożądanie; lew – pychę; wilczyca – chciwość i chciwość. Zapowiadają trzy wielkie podziały w Piekle: nietrzymanie moczu, przemoc i oszustwo.

Warto zauważyć, że *Piekło,* podobnie jak inne części *Boskiej Komedii* Dantego, jest pełne symboli. Przedstawienie życia pozagrobowego pochodzi z tradycji chrześcijańskiej, a symbolika religijna jest bardzo obecna, między innymi w znaczeniu nadanym liczbie trzy, która odnosi się do trójcy: istnieją trzy księgi, po trzydzieści trzy pieśni, trzej różni przewodnicy itd. Dante ciągle wspomina o Bogu, boskiej łasce, Bożej sprawiedliwości. Ponadto sama struktura Piekła jest symbolem upadku Lucyfera.

KARY DLA POTĘPIONYCH

Potępieni są karani przez Boga, a kary, którym podlegają, są sprawiedliwe, bo zależą od woli boskiej. Kary te określa prawo *contrapasso*, czyli rodzaj odwróconego lex talionis (kara polega na odwrotności popełnionego przestępstwa lub jest do niego analogiczna).

Kara potępionych jest albo podobna, analogiczna, porównywalna do popełnionego grzechu, albo jest jego odwrotnością. Na przykład tchórze, którzy stoją u bram piekła, są żądleni przez osy, ponieważ za życia na ziemi nie chcieli być przez nic dotykani: ci, których za życia nic nie dotykało, są w konsekwencji na zawsze żądleni w piekle. Wynika to z logiki opozycji. Inny przykład: ludzie, którzy ulegli pożądliwości, są wstrząsani przez wiatry burzy, tak jak byli wstrząsani namiętnością na Ziemi. Wynika to z logiki analogii.

Niestety, wszystkie kary nie są równie oczywiste, a niektóre z nich wciąż są przedmiotem debaty wśród ekspertów.

KONTEKST HISTORYCZNY

Boska Komedia została napisana w języku toskańskim mówionym w 13th wieku, a nie po łacinie, choć był to język kultury.

Piekło jest mocno zakotwiczone w swojej epoce, o czym świadczy obecność potępionych z czasów życia Dantego, ale także, co ważniejsze, znaczenie Florencji i Włoch. Kontekst historyczny, czyli walka między Ghibellinami i Guelfami oraz konflikt między czarnymi i białymi Guelfami, wysuwa się na pierwszy plan i jest echem sytuacji Włoch w czasach Dantego. Jest wielu potępionych, którzy mówią o kontekście politycznym u Dantego.

Florencja rzeczywiście była podzielona na dwie grupy, z których każda pragnęła władzy: Guelfów i Ghibellinów. Guelfowie byli zwolennikami świeckiej władzy papieża, natomiast Ghibellini popierali władzę cesarza. Sami Guelfowie byli podzieleni: istniał podział na Guelfów białych i czarnych. Czarni Guelfowie byli zwolennikami władzy papieskiej i uznawali prawo papieża do ingerencji w sprawy świeckie. Biali Guelfowie byli bardziej umiarkowani i pragnęli przede wszystkim niezależności zarówno od papieża, jak i cesarza.

DALSZA REFLEKSJA

KILKA PYTAŃ DO PRZEMYŚLENIA...

- Wyjaśnij, jak działa *contrapasso,* przytaczając i wyjaśniając pięć różnych przykładów.

- Porównaj *Piekło* Dantego z ilustracjami dzieła wykonanymi przez Gustave'a Doré (francuski artysta i malarz, 1832-1883). Czy Twoim zdaniem ilustracje te są wierne opisowi piekła przez Dantego?

- Znajdź dziesięć nawiązań do mitologii klasycznej i wyjaśnij je.

- Porównaj główne podziały w piekle i siedem grzechów śmiertelnych.

- Kim są Paolo i Francesca da Rimini? Czy Dante ich ocenia?

- Twoim zdaniem, dlaczego koncepcja piekła u Dantego jest oryginalna?

- Niektórzy krytycy zarzucali Dantemu, że podaje swoistą listę potępionych. Opracuj własne zdanie na ten temat i odpowiedz na poniższe pytanie: Co ta lista wnosi do tekstu i/lub z niego wyciąga?

- Znajdź trzy przykłady, w których Wergiliusz przedstawia głos rozumu, mądrości i krótko je skomentuj.

- Znajdź dwa fragmenty, w których Dante wybucha mową przeciwko czemuś i skomentuj je, odwołując się do kontekstu historycznego tamtych czasów. Aby to zrobić, skorzystaj z innych źródeł.

- Wyjaśnij nazwy pododdziałów ostatniego kręgu piekła. Każda nazwa odnosi się do postaci: Kaina, Antenora, Ptolemeusza i Judasza. Odnieś się do zbrodni popełnionych przez każdego z nich.

- Wyjaśnij pierwszeństwo liczby trzy w Boskiej Komedii. Jakie jest jej znaczenie?

DALSZE CZYTANIE

WYDANIE REFERENCYJNE

Dante (1992) *L'Enfer*. Paris : Flammarion.

Chcemy usłyszeć od Ciebie, co się dzieje!
Zostaw komentarz na temat swojej internetowej biblioteki
i podziel się swoimi ulubionymi książkami w mediach społecznościowych!

Dlaczego warto wybrać Must Read?

Dowiedz się wszystkiego, co musisz wiedzieć o książce dzięki naszym zwięzłym i dogłębnym streszczeniom i analizom!

Odkryj to, co najlepsze w literaturze w zupełnie nowym świetle!

www.50minutes.com

Wydawca zapewnia o wiarygodności publikowanych informacji, co jednak nie może wiązać się z jego odpowiedzialnością.

www.50minutes.com

Master ISBN: 9782808695299
Papierowy ISBN: 9782808616690
Depozyt prawny: D/2023/12603/1949

Verhaal: © Primento

Projekt cyfrowy: Primento, cyfrowy partner wydawców.